Autor: Antonio Tolosa Bonora

Primera edición: Junio de 2020

ISBN: 9798647882523

Las leyes del precio

Y

El índice de Tolosa

La importancia de la innovación en el sistema económico

Antonio Tolosa Bonora

Nota del autor

Me llamo Antonio Tolosa Bonora, soy un autor autodicdacta de 23 años, en mí no encontrará el perfil de escritor licenciado por alguna prestigiosa universidad. Todos mis escritos han sido fruto de los conocimientos adquiridos a través de la lectura y conclusiones propias que he ido desarrollando basándome en ellos. Mi inicio como escritor comenzó con mi primer trabajo amateur *La cara oculta del trading*, este trabajo me motivó y me llevó a interesarme por la escritura y la economía. Pasados tres años de la publicación de mi primer trabajo, tras haberlo reeditado y corregido sus fallos decidí embarcarme en un segundo proyecto más ambicioso, el que tiene ahora usted sobre sus manos. En este libro podrá encontrar los conocimientos necesarios para tener nociones del funcionamiento del sistema económico y bancario, al mismo tiempo expondré las conclusiones a las que llegué con mis estudios y que dieron vida a Las leyes del precio y El índice de Tolosa. Les doy la bienvenida a Las leyes del precio y El índice de Tolosa, donde mi leitmotiv es directo:

Solo tiene derecho a criticar un sistema aquel que propone uno mejor.

Índice

* ¿Qué es la economía? .... Página 9

* Las leyes del precio .... Página 13

- Las burbujas .... Página 17

- ¿Por qué se niegan las leyes del precio?.. Página 21

* El marxismo y la economía planificada .. Página 25

* La economía de mercado .... Página 31

* La economía mixta .... Página 35

* El índice de Tolosa y el análisis económico
.... Página 41

- La deuda .... Página 44

- La deuda y El índice de Tolosa .... Página 46

- El grado de retorno .... Página 50

- Esfuerzo fiscal y tasas de población ...... Página 54

- Deuda ficticia, Japón, y la sostenibilidad Página 56

- Conclusiones de la primera parte .... Página 59

Moneda, banca e innovación   Página 61

- El dinero .... Página 63

- Los tipos de interés .... Página 65

- La banca y el sistema de reservas fraccionarias
.... Página 69

- Inflación e innovación .... Página 73

- El smartphone .... Página 78

- ¿Cómo se mide el I+D+i? .... Página 80

- Entonces, Google .... Página 85

- Las leyes del precio y El índice de Tolosa
.... Página 89

- Conclusiones de la segunda parte .... Página 91

- Agradecimientos y fuentes .... Página 93

¿Qué es la economía?

La gente de a pie está acostumbrada a tener a la economía como un concepto que afecta a sus vidas, esto es cierto pero ¿La gente sabe realmente cómo funciona la economía? Que si los gobiernos emiten deuda, que si los tipos de interés suben, que si estamos en déficit, que si va a venir otra crisis, pero ¿Qué es la economía realmente? Siendo específicos la economía es una ciencia, sí señores han leído bien, la economía no es más que la ciencia social que estudia la forma de cubrir las necesidades humanas a través de recursos que nos gusté o no son limitados. Dentro de esta ciencia para determinar la eficiencia de una economía tenemos que tener en cuenta varios factores: la extracción, la producción, el intercambio, la distribución y el consumo de bienes y servicios. Podríamos afirmar que un sistema económico eficiente es el que alcanza un equilibrio sostenible de todos los factores previamente mencionados, sin embargo, esto es un poco más complejo si lo queremos llevar a la práctica fuera del papel, ya que si fallara uno solo de estos factores el efecto en cadena sería tal que resentiría a la totalidad del sistema económico y así es como llegan las famosas crisis.

Por ejemplo, si aumentara la demanda de múltiples productos pero no aumentara la oferta de estos se produciría un incremento del precio final de dichos productos, si en este caso las remuneraciones de los participantes de este sistema económico no aumentaran en acorde a la subida de los productos, el resultado se traduciría en la pérdida de poder adquisitivo por parte de los participantes, por lo tanto ese modelo económico dejaría de ser eficiente para la mayoría de sus participantes.

Este ejemplo práctico de cómo nos afecta la economía en nuestro día a día nos ayuda a ser conscientes de lo relevante que es conocerla y desarrollarla con inteligencia, ya que aunque ustedes no lo crean la responsabilidad del sistema económico recae sobre el voto que le dan los ciudadanos a los diferentes partidos políticos. En mi país la gente vota a los partidos por ideología, por castigo, por demagogia y por adoctrinamiento, pero a día de hoy pocos ciudadanos que echan su voto en las urnas leen y comprenden los programas económicos de las diferentes formaciones políticas.

Para que podamos entender la economía es importante que conozcamos sus conceptos (o al menos los más relevantes) y los elementos que la conforman. Mientras que los conceptos los iré revelando a medida que sean necesarios para entender las explicaciones expuestas, los elementos estarán claramente divididos en cinco partes: Las leyes del precio, la exposición de los diferentes modelos económicos, la eficiencia, la creación de la moneda y el sistema bancario, y la innovación.

En este libro encontrará los conceptos necesarios para analizar y entender de una forma básica los sistemas económicos, a su vez expondré Las leyes del precio y me valdré de ellas para explicar cómo afectan estas a los diferentes modelos económicos que han existido y existen. Analizaré los diferentes modelos económicos según su eficiencia en la sociedad a través de El índice de Tolosa y la deuda pública. Expondré el funcionamiento y la estructura del sistema bancario actual, cómo afecta a la economía, y qué papel juega la innovación en todo este enrevesado entramado.

Para entender bien la economía debemos comprender la naturaleza del precio, por qué se comporta como se comporta y por qué no lo hace de otra manera. El precio tiene sus propias leyes, como la física, y cualquier gobierno, entidad pública o privada que quiera desarrollar un sistema económico eficiente debe conocer estas leyes y desarrollar el sistema conforme a ellas. Muchos gobiernos pretenden que el precio se adapte a sus medidas económicas, cuando son las medidas económicas las que se deben adaptar al comportamiento del precio. Cualquier intento de cambiar estas leyes o ir en contra de su naturaleza lo único que provocará será un cataclismo económico de una magnitud considerable dependiendo del grado en el que se hayan infringido estas. Así que antes de continuar debemos hacernos dos preguntas ¿Qué es el precio y cuáles son sus leyes?

*Me gustaría pedirle al lector que antes de continuar intentara en la medida de lo posible de dejar de lado su ideología política durante la lectura de este libro. Ya que a continuación voy a tratar de explicar el comportamiento de la economía como algo objetivo, con fundamentos, explicaciones concisas y datos contrastados, y no como un panfleto de propaganda política. Soy consciente de que en este tipo de materias es muy complicado encontrar fuentes fiables de información, ya que sus autores siempre vendemos nuestra ideología, ya sea consciente o inconscientemente. Yo mismo he tenido que borrar y reescribir capítulos enteros de este libro con tal de transmitir mis ideas de la forma más objetiva posible, a pesar de ello nadie está exento de fallo. Por ello invito al lector a contrastar todos los datos e información de este libro a través de todos los medios que considere oportunos, y, a sacar sus propias conclusiones.

Las leyes del precio

El precio no es más que una intersección entre la oferta y la demanda ¿Qué quiere decir esto? que el precio no es regulable aunque haya organismos que lo quieran regular. El precio de una mesa está estipulado por el número de mesas existentes y el número de personas dispuestas a pagar por una mesa, si el conjunto del colectivo interesado en comprar mesas cree que las mesas no valen más de 10€ la unidad, las mesas se venderán por 10€ la unidad, de venderse más caras nadie compraría mesas. Si en este caso producir las mesas costara 12€ la unidad y se estuvieran vendiendo por 10€ la unidad, en la actualidad no usaríamos mesas, puesto que no sería rentable fabricarlas. Al contrario de una idea extendida erróneamente por prácticamente la totalidad de las escuelas económicas a excepción de la austriaca es el hecho de que el precio de un producto no viene determinado por los costes de producción, un bien puede llegar a depreciarse por debajo de sus costes de producción si se producen las circunstancias apropiadas para ello, si bien, estos bienes tienden a desaparecer rápidamente del mercado, puesto que deja de ser rentable fabricarlos. Invito al lector a que recapacite sobre ello ¿Por qué existen iPhone de 1500€ si un smartphone de 80€ puede cumplir las mismas funciones? no es por el hardware, ni el software, ni la capacidad de memoria, ni los megapíxeles de la cámara, no os engañéis, si existen teléfonos de 1500€ es porque hay un colectivo representativo de la demanda que está dispuesto a pagar 1500€ por un iPhone, de no existir ese colectivo ni el mejor de los iPhone tendría ese precio.

Si algún estado, gobierno o entidad pública trata de regular los precios de algún producto lo único que conseguirá será un auge del mercado negro, puesto que los precios están determinados por cuánto están dispuestos a pagar los individuos por un bien. Ese es uno de los motivos por los cuales no existe ninguna entidad pública que pueda garantizar el precio de los instrumentos financieros, ni la mismísima Reserva Federal de los Estados Unidos sería capaz de hacerlo, ya que el precio es un ente con vida propia.

A mí me gusta pensar en el precio como una ley física, no puedes alterar su naturaleza, se puede tratar de ligar a ideologías políticas, se pueden manipular informes financieros, pero su comportamiento seguirá ligado a la oferta y la demanda, ahora bien, sí que es posible manipularlo. Para llegar a manipular el precio de un instrumento financiero es necesario ostentar todos los medios de extracción, producción y distribución de dicho instrumento, un ejemplo práctico de esta situación sería el de la OPEP (Organización de países exportadores de petróleo de los cual forman parte: Arabia Saudí, Kuwait, Irán, Irak y Venezuela, Argelia, Angola, Ecuador, Libia, Nigeria, Catar, Gabón, Indonesia y Emiratos Árabes Unidos), una organización que está compuesta por prácticamente totalidad de los países con reservas de petróleo.

Si en un momento dado la oferta de petróleo baja, esta organización no tiene nada más que hacer que ponerse de acuerdo para reducir su extracción, o inmovilizar un par de buques con cargamento y esperar que haya escasez, y... vualá, problema resuelto, el precio recupera su cauce.

Pero en un infortunado momento entre 2019 y 2020 en algún lugar de la ciudad de Wuhan un chino se come un murciélago, contrae un virus nuevo llamado SARS-CoV-2, se libera una pandemia, y los hornos industriales cierran, las fábricas de China, Europa y Estados Unidos cierran, los vuelos comerciales y los movimientos en automóvil bajan a cifras históricas y ni todo el conjunto de Jeques árabes, mafiosos rusos y magnates del petróleo son capaces de evitar que el precio del petróleo se hunda, y esto nos revela dos de las leyes del precio:

-El precio es un ente con vida propia resultado de la suma entre la creencia y la demanda colectiva.

-El precio se puede manipular, pero nunca controlar.

(Por supuesto que la caida del petróleo a mínimos históricos no solo se debió a la pandemia, los infructuosos acuerdos entre Rusia y Arabia Saudí acerca de sus recortes de producción del crudo hundió el precio más de lo esperado, digamos que, agrabó la situación en un momento que ya de por si era delicado).

Y ahora me gustaría plantear una pregunta al lector ¿Qué relación tiene la economía y el precio? ¿El precio forma parte de la economía o la economía del precio? Parece una pregunta absurda ¿Verdad? De ese tipo de preguntas que no sirven para nada plantearse, pero no es cierto, la magnitud de realizarnos esta pregunta nos puede llevar a un nivel de conciencia superior sobre la materia. A nivel técnico la economía es una ciencia y dentro de esta ciencia el precio es una definición, pero a nivel real la economía y el precio son exactamente lo mismo, ya que el precio indica la economía y la economía al precio. Tu ordenador, tu casa, tu coche, tu salario, ninguno de sus valores es casualidad, el valor de cada uno de esos elementos está estipulado por el mercado y este no es más que una media móvil de las siete mil trescientas millones de personas de este planeta. Podríamos compararlo con un ordenador, un gran ordenador biológico de escala descomunal donde cada persona es un dato, una unidad de información, y el precio el procesador de todos esos datos, lo cual nos lleva a otra de las leyes del precio:

-El precio siempre refleja el valor real de todo bien y servicio.

Entonces... ¿Qué pasa con las burbujas? Es cierto que a lo largo de la historia hemos sufrido múltiples acontecimientos de este tipo, acontecimientos que han ocurrido en diferentes lugares del globo sin distinguir entre países, ideologías políticas y escuelas económicas. Si el precio refleja siempre el valor real de los bienes y servicios ¿Por qué se generan burbujas? Y ¿Qué es exactamente una burbuja económica?

Las burbujas

Las burbujas económicas son subidas de precio aceleradas y descontroladas de un activo o producto. El caso más antiguo a la par que famoso del que se tiene registro fue la crisis de los tulipanes (también conocida como tulipomanía) en los Países bajos a principios del siglo XVII donde una flor de tulipán llegó a valer lo mismo que una casa.

Las burbujas acostumbran a generarse producto de la especulación (la compra de activos o productos con la esperanza de revenderlos a un precio superior en un futuro para así obtener una plusvalía), esta empuja a los precios al alza hasta que acaba colapsando cuando los mismos llegan al absurdo y la oferta desaparece, pero no todas las burbujas son generadas por la especulación. De hecho, el término de burbuja económica empieza a difuminarse cuando le aplicamos escalas de tiempo relativas ¿Qué se considera una subida de precio acelerada y descontrolada? ¿Un 10% en un mes? ¿Un 300% en un año? Lo cierto es que vivimos entre constantes burbujas económicas, algunas tan pequeñas que crecen y explotan sin que la mayoría de la población se dé cuenta, otras medianas que generan debates entre los intelectuales de la comunidad económica y unas pocas tan grandes que generan recesiones internacionales cada ciertos años. Es innegable que la especulación favorece la aparición de burbujas y es la responsable de haber generado algunas de las más catastróficas de la historia, y que, cierto tipo de administraciones económicas pueden favorecer la aparición de especuladores. Pero afirmar que todas las burbujas económicas son fruto de la especulación es como afirmar que el origen de todos los cánceres de pulmón es por fumar. Yo pienso en las burbujas como todo cambio de precio más rápido del que la economía puede asimilar y no solo como un resultado de una infortunada especulación.

En estas situaciones tendemos a pensar que el mercado se equivoca, que el precio se equivoca, pero no es el precio el que se equivoca, el precio es un ente, no tiene cuerpo físico ni cerebro para tomar decisiones erróneas o correctas, el ser humano sí. El precio de un tulipán en la Holanda del siglo XVII llegó a ser el mismo que el de una casa porque el ser humano así lo creía y dejo de ser así cuando el ser humano dejo de creerlo, ya que las burbujas no dejan de ser una tendencia psicológica colectiva, exactamente igual que el precio.

Esto hace de las burbujas económicas sucesos ineludibles, de los cuales ningún economista puede predecir a ciencia cierta cuando sucederán y de hacerlo sería por mera casualidad. Esto se debe a que las burbujas, no son burbujas hasta que explotan. Si mañana tu vivienda perdiera el 90% de su valor todos los periódicos y titulares de cualquier medio de comunicación alarmarían con "La nueva burbuja inmobiliaria", pero el día anterior ni el JP Morgan Chase lo vería venir. Esto no significa ni que el JP Morgan estuviera equivocado, ni que los medios de comunicación conspiraran contra nosotros. Esto se debe a que el precio que tenía la vivienda ayer es tan real como el precio que tiene la vivienda hoy, solo que en este hipotético caso habría cambiado más rápido de lo que nuestras nóminas y estilos de vida pueden asimilar. Y esto nos revela otra de las leyes del precio:

-Las burbujas económicas forman parte de la naturaleza del precio.

Siempre estuvieron con nosotros

Las leyes del precio son las que hacen mutar a la economía hacia el libre mercado como las montañas hacen que los ríos sigan su cauce, cualquier intento por ir en contra de ellas será inútil a la par que catastrófico para los individuos que forman ese sistema. Esto es algo que podemos comprobar debido a que estas leyes se han manifestado a lo largo de la historia en múltiples líneas temporales y geográficas sin entender de diferencias culturales o raciales, ya que Las leyes del precio llevan presentes con nosotros desde los tiempos del trueque.

En Cuba existen dos tipos de precios, los determinados por el estado en la libreta de abastecimiento (también conocida como cartilla de racionamiento) y los reales. Cada unidad familiar tiene derecho una vez al mes a adquirir por unos pocos pesos cubanos: 3 kilos de arroz, medio litro de aceite, un trozo de pan diario, un paquete de huevos, 250 gramos de pollo, 300 gramos de frijoles y un paquete de cerillas diario; invito al lector que trate de subsistir un mes con esa cantidad de alimento a ver qué ocurre. El resultado de este sistema provoca que el precio de 250 gramos de pollo que en la ración mensual es de a penas unos cuantos pesos, sea de todo el sueldo mensual cuando lo adquieres fuera de esta, motivo del exceso de demanda y la escasez de oferta. Cuando una pequeña porción de comida vale más que el sueldo mensual de un trabajador no es la mano negra del corrupto capitalismo, son Las leyes del precio manifestando que algo no funciona correctamente en dicho sistema. Culpar al libre mercado del precio de los productos tiene tanto sentido como culpar al cielo por la ausencia de lluvia. Pero no es necesario centrarnos exclusivamente referentes actuales para encontrar manifestaciones de estas, como he comentado previamente Las leyes del precio se llevan manifestando en nuestros sistemas económicos desde tiempos inmemorables, también podemos encontrar signos de ella en la Europa del Antiguo Régimen. En aquella época la lentitud de los medios de transporte terrestres y la ausencia de un buen sistema de carreteras convertían a las importaciones y exportaciones terrestres en algo más que inviables. Un transporte terrestre necesitaba un pelotón de hombres para protegerlo de los posibles asaltos, ganado para tirar de los carros cargados de productos, y alimento suficiente para mantener a ambos durante todo un viaje que podía durar de semanas a meses, de tal forma que un kilo de trigo producido en Córdoba podía ser de tres a cinco veces más caro en Barcelona debido a los excesivos gastos del transporte terrestre, motivo por el cual se primaba el transporte marítimo y se le daba mayor importancia a las zonas costeras frente a las mesetas por motivos económicos obvios.

¿Por qué se niegan Las leyes del precio?

Uno de los principales problemas de la economía es el hecho de que es la ciencia con más problemas para desarrollar avances científicos y declaraciones fácticas. Al igual que no existe ningún profesional médico titulado que afirme que fumar es sano, tampoco existe ningún físico que afirme que se puede superar la velocidad de la luz, sin embargo, si que podemos encontrar economistas que afirman que el comunismo y socialismo funcionan, no muchos, pero sí algunos. Esto se debe a que la economía es una ciencia en pañales, ya que está condicionada por poderes políticos que en muchas ocasiones se verían alterados por sus descubrimientos. Esto para nada es una idea conspiranoica, invito al lector a que recapacite sobre ello. Si un físico teórico descubre un nuevo tipo de partícula en el Gran colisionador de Hadrones se podría afirmar rotundamente que esa partícula existe y cualquiera que lo negara sería un necio, el descubrimiento de esa partícula no cambiara las tasas de interés, ni el euríbor, ni las políticas de los bancos centrales. Pero el caso está en que una afirmación fáctica económica sí que lo haría. Si un economista cum laude demostrara que un sistema económico es ineficiente y está obsoleto y propusiera uno mejor logrando una repercusión relevante, cientos de miles de personas que viven y ostentan poder a costa del antiguo sistema se le lanzarían a la yugular. Lo silenciarían, lo comprarían, o pagarían a sus propios expertos para realizar alguna teoría complicada que demostrara lo equivocado que está. Esto hace de la economía la ciencia más corrupta de todas y es lo que la ha llevado a ser una ciencia completamente teórica, de múltiples interpretaciones subjetivas divididas en una infinidad de escuelas económicas, cada una de ellas con su propio sistema económico. Sistemas que explicaremos a continuación.

Tipos de sistemas económicos

A continuación expondré los distintos tipos de escuelas y modelos económicos, con ejemplos prácticos de sus aplicaciones, y comprobaremos cuánto se acercan o se alejan de Las leyes del precio en función de su gestión. En la actualidad existen una infinidad de escuelas económicas, al menos a nivel teórico, pero en este libro nos centraremos en dos de las más extendidas y aplicadas a lo largo de la historia moderna, el marxismo y el liberalismo, junto a los modelos de economía centralizada, mixta y de mercado. Para que podamos comprenderlos debemos tener en cuenta que sus diferencias radican en el conflicto de poderes entre el sector público y el sector privado, un modelo económico que escore hacia el sector público se asociaría a una ideología socialista/comunista, mientras que un modelo económico que se enfoque en el sector privado estaría asociado a una ideología más capitalista.

El marxismo
y
La economía centralizada o planificada

La economía centralizada o planificada es aquella en la que como su propio nombre indica, todos los factores de producción están a cargo del estado, que es el encargado de regularlos y distribuirlos entre la población. Este sistema choca frontalmente con tres de las cuatro leyes del precio, un motivo de tantos por los que el comunismo desapareció. Pero vamos a indagar un poco más en él ¿Cómo surgió? ¿Quiénes fueron sus pensadores? Y ¿Cómo sería un ejemplo práctico de su colapso?

El padre de las ideas que dieron vida a este modelo económico fue Karl Heinrich Marx. Que curiosamente su idea sobre el socialismo tenía como objetivo final una sociedad sin estado, e irónicamente su modelo económico llevado a la práctica lo único que consiguió fue darle más poder al estado. Sus ideas no cobraron vida hasta tiempo después de su muerte cuando se convirtieron en el motor de revueltas sociales, hasta que finalmente fueron adoptadas por un señor llamado Vladimir Ilyich Lenin, quien más tarde las aplicaría en 1921 como las nuevas políticas económicas de lo que hoy es Rusia. Estás políticas continuaron con sus sucesores hasta 1991 cuando el sistema de la Unión de Repúblicas Socialistas Soviéticas reconoció su colapso (que ya llevaba años arrastrando) frente al mundo, anunciando así su disolución y el cambio a una economía de mixta.

Motivos de su colapso

Como ya he explicado en *¿Qué es la economía?* El fallo de uno solo de los factores del tejido económico provoca un efecto dominó sobre el resto, provocando una crisis. La economía es como el motor de un coche, cada tuerca, tornillo, válvula y pistón están colocados en una posición sincronizada con una precisión milimétrica, basta con que uno de esos elementos pierda la sincronización para que toda la maquinaria se averíe y deje de funcionar. Esto es exactamente lo que le ocurre a la economía de centralizada, ya que para su correcto funcionamiento es necesario que el estado sincronice los precios de los productos y los servicios con una precisión ridículamente inexistente.

En primer lugar por no tener en cuenta el factor del caos. Aunque un estado fuera capaz de manipular el precio de ciertos productos y servicios, esta situación no tardaría en descontrolarse, el precio acabaría recuperando su legítimo poder, un poder que en realidad nunca perdió. Una sequía, una plaga, una huelga, cualquier factor externo que se escape al poder del estado y todas sus complicadas cuentas y balances harían crack. De hecho ni siquiera sería necesario ocurriera algún acotencimiento caótico para provocar el colapso del sistema, una mala contabilidad de los recursos sería suficiente, algo que suele ocurrir en este sistema. La teoría de un estado comunista consiste en conocer todos los datos de los recursos y la producción disponibles a tiempo real, para así determinar los salarios de los trabajadores y los precios de los productos y servicios. Para que esto llegara a funcionar sería necesario que el estado fuera omnipresente o tuviera algún tipo de poder divino. Ni siquiera todos los servidores de la empresa más involucrada y metida en nuestras vidas (Google) serían capaces de hacer algo así, un estado, todavía menos. Pero no, estos no son los únicos puntos que enterraron a la economía centralizada como un modelo económico viable.

El modelo económico preferido por los dictadores
Al ser un sistema económico en el cual todas las decisiones y administración del mismo han de estar bajo la supervisión del estado se genera un entorno muy favorable para la aparición y consolidación de regímenes dictatoriales. Motivo por el cual decenas de líderes políticos han predicado su discurso a lo largo de la historia bajo una fachada socialista para llegar y

consolidarse en el poder. Aquí una lista de algunos de ellos: Mao Tse Tung, Vladímir Ilich Uliánov, Iósif Stalin, Mengistu Haile, Hugo Chávez (hay quienes no lo consideran dictador), Nicolás Maduro, Kim Il Sung (quien para su propia contradicción fue el creador de la ideología Juche), Pol Pot, Adolf Hitler (para el desconocimiento de muchos sus políticas económicas eran completamente centralizadas y socialistas). Todos estos dictadores (y más) han empleado el modelo económico centralizado para llegar al poder, mantenerse en él, o ambas cosas. Pero aún nos queda exponer su último talón de Aquiles.

Problemas para la innovación

A parte de los factores políticos, y económicos como la extracción, producción y distribución de recursos, tenemos otros, como la innovación, factor que este modelo económico tiende a socavar. Ningún Steve Jobs hubiera creado Apple para después regalársela al estado, por eso las grandes empresas tecnológicas como Google, Amazon, Apple y Facebook nacieron en la cuna del liberalismo económico estadounidense, y no en la Bielorrusia soviética. Empresas que pasaron de ser el futuro de la economía global para convertirse en el presente en tan solo unas décadas, de tal forma que el sistema económico actual sería difícil de concebir sin ellas.

La suma de todos estos factores convierte a la economía centralizada o planificada en el modelo económico más ineficiente que se ha llevado a la práctica en toda la historia de la humanidad. Los devastadores efectos de su puesta en marcha provocaron millones de muertos por inanición en las regiones rurales de la URSS, siendo Ucrania uno de los territorios más afectados por la hambruna de 1932 a 1934 en la que se estima que murieron de 3 a 5 millones de personas de hambre, datos que posteriormente fueron clasificados y eliminados por el gobierno soviético. Se pueden encontrar más datos y testimonios de este suceso en la obra de Anne Applebaum *Hambruna roja*.

FIGURA 1. NIÑOS CAMPESINOS CON SIGNOS DE INANICIÓN

La economía de mercado

En la economía de mercado tanto los factores de producción como los de consumo de los bienes y servicios están ligados a la oferta y la demanda, lo que también sé conoce como libre mercado o competencia perfecta. A nivel teórico cumple con todas las leyes del precio lo cual lo convierte en un modelo económico <u>viable</u> (que no quiere decir ideal), que, además, a diferencia de la economía centralizada que tuvo un "creador" (Karl Heinrich Marx) la economía de mercado surgió de una forma natural y espontánea, resultado del libre comercio y no como una imposición o administración por parte de un estado. En este modelo el estado se reducen considerablemente las competencias y el poder del estado, dando más libertad al individuo sobre su economía. Esto tiene una serie de repercusiones económicas y sociales exorbitantes en todos los sentidos.

Ejemplo

Al tener un estado reducido también se reduce drásticamente el esfuerzo fiscal (página 42), esto conlleva que gran parte de la riqueza que en otros modelos económicos acaba en manos del estado se quede en el bolsillo del contribuyente, convirtiéndose en un desencadenante de crecimiento económico, ya que los individuos de este sistema cuentan con más capital. Este aumento de capital por parte del ciudadano medio aumenta las tasas de consumo, sumado al descenso de las trabas burocráticas e impuestos por parte del estado también aumenta las tasas de inversión. Al haber más inversión y más consumo las rentas son más elevadas al igual que el poder adquisitivo del ciudadano medio, las oportunidades laborales y los precios de los bienes y servicios.

Obviamente el estado emplea la misma vara de medir, al haber menos impuestos los servicios públicos también son mínimos, por lo tanto el día en el que un ciudadano se ponga enfermo tendrá que tener contratado un seguro médico privado para poder ir al hospital por ejemplo. Este ejemplo se podría extrapolar al fin de la mayoría de los servicios públicos que conocemos en occidente: los planes de pensiones (te podrías jubilar a la edad que tú quisieras siempre y cuando saliera de tu bolsillo), las prestaciones por desempleo, las ayudas sociales y los rescates a empresas y bancos. Esto a su vez genera un efecto en cadena en la economía de este sistema, al no haber rescates a entidades privadas por ausencia de gasto público las empresas menos productivas tienden a desaparecer, ya que la inversión es privada y los inversores no solo buscan el retorno de su capital, también buscan plusvalías sobre este. El resultado que obtenemos de este sistema es el libre comercio y mayor competitividad, mayores posibilidades de crecimiento económico para sus individuos y el incremento del consumo y los precios.

Este sistema es el que se conoce como capitalismo liberal. La nación que ha llevado a la práctica lo más parecido a este sistema es Estados Unidos, para ser exactos durante el siglo XIX, lo que le llevo a ganarse la fama de *La tierra de las oportunidades*, bajo el eslogan de *El sueño americano*.

FIGURA 2. LA BOLSA DE NEW YORK (1931)

Discrepancias

Uno de los problemas que presenta este modelo económico es su propia definición, ya que en la economía de mercado sí que se contempla la intervención del estado, pero no se estipula hasta dónde debería llegar el poder de este para empezar a considerarse una economía de mercado o no. En teoría una economía de mercado debería tener un estado lo más reducido posible, teoría que deja un amplio espectro de múltiples interpretaciones subjetivas sobre sus límites.

Problemas con el poder

Al igual que la economía centralizada promueve la aparición y consolidación de dictaduras, la economía de mercado también tiene problemas con el poder. Al estar ante un poder público inferior al privado se fomenta la aparición de actividades mafiosas y oligarquías, dicho de una forma simple: un conjunto de personas o empresas que unifican su poder llegando a ser prácticamente inamovibles. Esta unión entre las partes más privilegiadas de la economía les permite llegar a manipular los mercados e influir en los precios de los productos, obteniendo la capacidad de enriquecerse más que ningún otro individuo del sistema. Algunos ejemplos de oligarquías en funcionamiento serían los bancos centrales y la OPEP (nos guste más o menos reconocerlo cumplen con todos los requisitos de la definición).

La economía mixta

La economía mixta, como su propio nombre indica, es una mezcla de los dos modelos económicos previamente expuestos. Es un modelo económico en el cual se mantiene la figura del mercado para la asignación de los recursos, y a su vez se contempla la intervención del estado para la regulación del mercado. Otra de sus principales diferencias frente a los otros modelos es que, mientras que en la economía de mercado se prioriza la propiedad privada frente a la pública, y en la economía planificada viceversa, en la economía mixta se trata de buscar un equilibrio entre ambas. Este Frankenstein económico ha sido implementado prácticamente por la totalidad de los países del mundo, instaurándose como el modelo económico más extendido del planeta. Dicho de este modo parece el modelo económico perfecto, y lo es, a nivel teórico desde luego que lo es, pero las cosas se van alejando de la perfección a medida que se ponen en práctica. Al igual que la economía de mercado, la economía mixta tiene problemas para establecer las limitaciones del estado, las cuales llevan a debate dónde se encuentra la línea divisoria entre una economía planificada, de mercado y mixta.

Así que hagamos la pregunta del millón ¿La economía mixta es un modelo económico sostenible? La respuesta es, depende, por ejemplo, España y Países Bajos son dos países desarrollados con economías mixtas, pero si comparamos los datos de las tasas de paro y renta per cápita podríamos cuestionarnos si realmente estos dos países emplean el mismo modelo económico. Mientras que Países Bajos cuenta con una tasa de paro del 2,9% España cuenta con una tasa de paro del 13,6%, y mientras que en Países Bajos la renta per cápita es de 48.757€ en España es de tan solo 27.927€ (datos actualizados en 2020). Si nos vamos a los datos de deuda pública nos encontramos con un escenario equiparable a comparar la República del Congo con Marruecos, mientras que España debe el 97,6% del PIB, Países Bajos apenas debe el 52% (datos actualizados en 2018) ¿Qué es lo que está sucediendo? Hasta donde yo tengo entendido Países Bajos no tiene ni reservas de petróleo ni minas de diamantes, entonces ¿Cómo es posible que dos países que tienen exactamente el mismo modelo económico difieran tanto en cuanto a resultados? La respuesta la tenemos dentro de la misma pregunta, el caso está en que no emplean el mismo modelo económico.

Las dificultades para definir hasta dónde debería llegar el poder del estado en la economía mixta son las mismas que generan este tipo de diferencias entre modelos económicos que teóricamente son iguales. Esto se debe a la forma en la que se nos vende la imagen de los modelos económicos. En los últimos tres capítulos he expuesto brevemente los tres modelos económicos que se han aplicado a lo largo de la historia, modelos que en sus propias definiciones nos llevan a polarizarlos de la siguiente manera:

A) Intervención total del estado. (Centralizado)
B) Ninguna intervención del estado. (Mercado)
C) Algunas intervenciones por parte del estado. (Mixto)

Para nuestro entendimiento es muy fácil polarizar los tres conceptos para aprenderlos, ya que no requiere un gran esfuerzo, solo debemos separar A, B y C. Pero la realidad se parece mucho más a algo así:

FIGURA 3. GRADOS DE LA ECONOMÍA MIXTA

Esta pequeña imagen nos permite concebir que existe un amplio espectro dentro de las economías mixtas que las hace difíciles de clasificar, ya que, como muchos economistas concluyen, no existen modelos económicos puros, estos siempre se encuentran en diferentes puntos dentro de esta escala de grises. Sin embargo, si entendemos bien las figuras del mercado y el estado tenemos herramientas que nos permiten comparar la eficiencia de diferentes modelos económicos.

¿Cómo analizar un modelo económico?

Para analizar el modelo económico de un país debemos de tener en cuenta que un país es como una gran empresa que está dividida en dos partes. Por un lado tenemos al mercado, compuesto por empresas y diferentes tipos de entidades privadas y por otro tenemos al estado, el encargado de ofrecer servicios públicos y regular ciertas actividades del sector privado. Mientras que el mercado es un activo (una fuente de ingresos) el estado es un pasivo (una fuente de gastos), esto quiere decir que el estado se nutre y depende del sector privado para su subsistencia, ya que no genera ninguna fuente de riqueza y depende de los impuestos que le cobra al sector privado, y de otros tipos de financiación que trataremos más adelante. Para conocer la eficiencia de un modelo debemos de tener en cuenta la necesidad de fondos por parte del estado. Qué porcentaje de la riqueza de los ciudadanos requiere el estado para su subsistencia. Empezaremos nuestro análisis calculando qué porcentaje de la producción agregada (producción total de los bienes y servicios producidos por un país en un año, también conocida como PIB) requiere el estado. En principio parece algo sencillo, calculando la presión fiscal obtendríamos el porcentaje de la producción agregada que requiere el estado, lo único que tendríamos que hacer sería dividir la recaudación fiscal (ingresos del estado) entre el PIB y multiplicarlo por cien para obtener el resultado en forma porcentual.

Presión fiscal= Recaudación fiscal/PIB*100

Ejemplo
España:

RF: 474.680 M.€

PIB: 1.244.757 M.€

$$\frac{474680\,M}{1244757\,M} * 100 = 38,13\%$$

Inconvenientes
Si tomamos está fórmula como referencia llegaríamos a la conclusión de que los españoles destinan entorno al 38,13% de su sueldo en pagar impuestos, pero lo cierto es que la realidad está muy lejos de ser así. El problema de esta fórmula es que no es representativa debido a que no tiene en cuenta la distribución del PIB, ya que si calculamos la presión fiscal basándonos en la recaudación y la producción agregada, el porcentaje obtenido no será representativo para estimar qué porcentaje de impuestos paga la población, porque estaríamos dando por sentado que la totalidad del PIB está distribuido de forma equitativa entre la totalidad de la población, cuando no es así. En este punto es donde

surgió el concepto del <u>esfuerzo fiscal</u>, tan defendido por liberales como criticado por socialistas. Este concepto nació ante la necesidad de conocer el esfuerzo real que les supone a los ciudadanos el pago de sus impuestos, y basándose en esa incógnita el economista Henry J. Frank creó el conocido Índice de Frank en el año 1959 para tratar de darle respuesta. Soy consciente de que es un índice cuenta con tantos seguidores como detractores, por ello decidí crear mi propia fórmula para medir el esfuerzo fiscal y realizar el análisis de los modelos económicos con ella.

El índice de Tolosa
y
El análisis económico

$$EF = \frac{RF/PA}{RN} * 100$$

Esfuerzo fiscal= (Recaudación fiscal/Población activa)/PIB per cápita*100

Este índice nos permite medir qué porcentaje del PIB per cápita se paga en impuestos (también conocido como renta per cápita o renta nacional), en otras palabras, nos permite saber qué porcentaje del sueldo de los ciudadanos va destinado a pagar impuestos, ya sean directos o indirectos. Y a su vez nos ayudará a comparar la eficiencia de los modelos económicos aplicados por diferentes países. Para desarrollar este índice se tiene que dividir la recaudación fiscal entre la población activa, dividir el resultado entre el PIB per cápita y multiplicarlo por cien para obtener el resultado final en forma porcentual. El motivo por el cual para desarrollar este índice solo se tiene en cuenta a la población activa se debe a que, aunque la población inactiva sí que paga impuestos (la mayor parte de ellos de forma indirecta), no genera riqueza, esto quiere decir que el dinero que emplea la población inactiva para pagar sus impuestos proviene de la población activa a través de subsidios, prestaciones, pensiones, familiares, etc. Por lo tanto, aunque ese capital sí que contabilice en el PIB, el origen de este no proviene de la población inactiva, proviene de la población activa que es la que sustenta el gasto estatal. En esta fórmula se contabiliza como población inactiva a los menores de edad, los desempleados y los jubilados, y como población activa a los trabajadores asalariados, los empresarios y los funcionarios. Sé que algún lector se estará preguntando por qué se contabilizan a los funcionarios dentro de esta fórmula si estos no generan riqueza. En esta fórmula se incluye a los funcionarios dentro de la población activa porque a pesar de que no generan riqueza en el PIB de forma directa su actividad fomenta el aumento de la producción del sector privado (sería difícil montarte un negocio si no existieran policías para arrestar a los ladrones y un sistema de justicia para defender tus derechos por ejemplo).

Cuando aplicamos esta fórmula sobre el ejemplo de España ese inocente 38,13% de presión fiscal se quita la máscara para convertirse en un 75,5% del sueldo destinado a impuestos. A continuación dejo una gráfica con los datos de diferentes países actualizados en 2019:

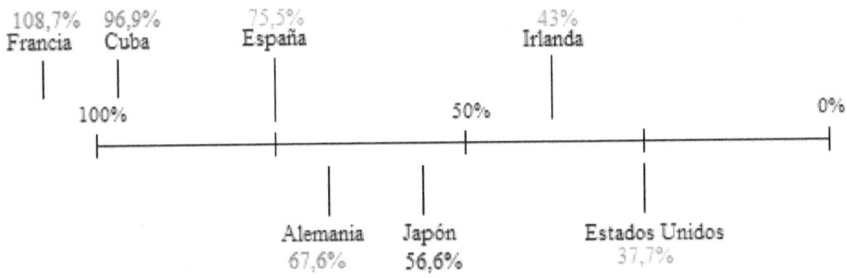

FIGURA 4. EL ÍNDICE DE TOLOSA

Sin embargo no nos podemos basar solo en El índice de Tolosa para determinar la eficiencia de un sistema económico y esto se debe a que entra en juego otro factor tan importante como el esfuerzo fiscal, la deuda.

Observaciones

Sé que a muchos lectores les habrá causado confusión la situación de Francia dentro de la gráfica ¿Cómo es posible destinar más del 100% del sueldo de los ciudadanos en impuestos? Esta situación puede tener varias explicaciones, se puede dar en países en los que un elevado porcentaje de sus ingresos fiscales están ligados a aportaciones de capital externas al país como podría ser el caso de paraísos fiscales o países exportadores de materias primas y similares. Un ejemplo de una situación similar se puede observar en el PIB per cápita en los países con mayor densidad de millonarios o población inactiva, al haber un porcentaje elevado de personas con una riqueza muy superior a la media o inactiva se altera el resultado real del PIB per cápita, al alterarse el PIB per cápita también se altera el resultado de El índice de Tolosa. La situación de Francia podría explicarse debido a su elevado porcentaje de población inactiva, no obstante Francia junto a otras excepciones difíciles de explicar requieren de investigaciones exhaustivas en función de las particularidades económicas de cada país.

La deuda

La deuda va ligada a un término con el que muchos de nosotros estamos familiarizados, el déficit. Cuando un país tiene más gastos que ingresos se encuentra en una situación de déficit, llegado ese punto dicho país debe de costear esos gastos de alguna manera y solo existen tres opciones para poder hacerlo y, obviamente, ninguna de ellas beneficia a sus ciudadanos. La primera opción que tendría este país para sanear sus gastos sería a través de la impresión de dinero, recurso que genera inflación (página 75) y lleva a la pérdida de poder adquisitivo por parte del ciudadano. La segunda opción que tendría este país sería aplicar una subida de impuestos a la mayor parte de la población, lo cual conduce a la pérdida de poder adquisitivo por parte de sus ciudadanos. Ninguna de estas dos opciones se suelen aplicar en los países desarrollados debido a que supondrían un suicidio político para el partido que las llevara a cabo, sin embargo la tercera opción es la preferida por nuestros mandatarios, ya que sus efectos negativos son a largo plazo e imperceptibles para los votantes actuales, emitir deuda. Cuando un país necesita financiar el exceso de gasto público acostumbra a recurrir a particulares, bancos centrales o a otros países para financiarlo, y cuando interfieren países extranjeros en esta financiación normalmente se tratan de potencias extranjeras que lejos de hacerlo como favor pretenden invadir la economía del país que emite la deuda (la "República" de China sabe muy bien de lo que hablo).

La emisión de deuda descontrolada genera una falsa ilusión de bienestar a los gobiernos y a la población en general, para el gobierno es algo increíblemente cómodo, solo tiene que pegar una patada momentánea y en unos cuantos años el gobierno que venidero se comerá el problema. En cuanto al ciudadano promedio le importa siete pares de rábanos que la deuda suba un siete por ciento o baje un dos por ciento mientras no le toquen su sueldo o sus pagas extra, y así continúa la mentira. La situación de la deuda con los gobiernos y las personas puede ser explicada mediante el efecto tarjeta. Cientos de economistas y psicólogos coinciden en que los individuos tienden a gastar mayores cantidades de dinero cuando realizan pagos mediante tarjeta frente a los pagos en efectivo, esto se debe a la sensación de desprendimiento, cuando sacas el dinero de tu bolsillo y lo entregas sientes que estás perdiendo ese dinero, sin embargo, esa sensación no ocurre en el pago mediante tarjeta lo cual te conduce a gastar más. Con la deuda sucede exactamente lo mismo que con el efecto tarjeta. Si un gobierno imprime dinero y genera inflación, cuando vas a comprar al supermercado y ves que el precio dobla el de hace tres meses piensas «Joder, los precios doblan los de hace tres meses, que cabrones», cuando un gobierno sube los impuestos y vas al estanco a sacar tabaco piensas «Joder, me han vuelto a subir el precio del tabaco, que cabrones», cuando un gobierno emite deuda para financiar un gasto público insostenible piensas «Joder, la semana pasada el Barcelona ganó al Madrid, que cabrones», esto sucede porque es algo que no cambia tu vida inmediatamente, de hecho puede que no cambie tu vida en absoluto, pero no podría decir lo mismo de tus hijos. Esto ha generado en Europa y en otros países ajenos al continente una sociedad que vive a expensas de las generaciones venideras, ya que toda la deuda que genera un país ha de ser saneada tarde o temprano, ni los inversores, ni los bancos centrales, ni los países que la financian son ONGs y esto es algo que la mayoría de la población no contempla.

La deuda y El índice de Tolosa

Situemos nuestra lupa sobre dos países de la figura 4, España y Japón, mientras que el esfuerzo fiscal de España supera el 75% el de Japón a penas llega el 57%, pero si nos vamos a los datos de deuda pública la cosa cambia, mientras que España debe entorno al 97,6% del PIB (2018) Japón debe el 234% de su PIB (2018), esto significa que mientras España sustenta al estado a base de ahogar fiscalmente a sus ciudadanos, Japón sustenta al estado a base de endeudar desorbitadamente a sus ciudadanos, mientras que un país vive a costa de la riqueza presente el otro lo hace a costa de la riqueza futura. Como curiosidad podríamos volver a darle la vuelta a la tortilla si añadimos a la ecuación el hecho de que endeudarse no tiene por qué ser precisamente algo negativo para un país, irónicamente, un país puede estar interesado en endeudarse para comprar deuda de otro país. Para entender esta situación supongamos que México emite deuda por valor de 5 mil millones de euros a un 0,2% de interés, Alemania que gracias a su solidez económica cuenta con unas mejores tasas de interés puede permitirse emitir deuda por valor de la misma masa monetaria (5 mil millones de euros) a un 0,1% de interés, esto le permite a Alemania adquirir la deuda de México y obtener unas plusvalías del 0,1% al final del recorrido y esto es exactamente lo que le ocurre a Japón, cuando descontamos los activos de la deuda pública japonesa nos queda un porcentaje del 152% del PIB (2018), elevado, sí, pero considerablemente lejos del terrorífico 234%. Claro que, esto tampoco implica que todos los países endeudados tengan activos ligados a su deuda pública, en la gran mayoría de los casos esto no es así por lo que a excepción de análisis específicos de un país en concreto en macroeconomía solo se valora la deuda total cuando se realizan comparaciones internacionales.

Bueno ¿Y qué tiene que ver la deuda con el esfuerzo fiscal? se estará preguntando el lector. Como he comentado previamente por un lado tenemos el esfuerzo fiscal que es la cantidad de riqueza que requiere el estado de sus ciudadanos en el presente y por otro lado tenemos la deuda, que es la cantidad de riqueza que requiere el estado de sus ciudadanos en el futuro, esto hecho genera que la que la deuda, el esfuerzo fiscal y las tasas de población muestren signos de correlación en los países desarrollados. Mientras que países como Estados Unidos y Japón que cuentan con trescientos treinta millones y ciento veinte millones de habitantes optaron por el aumento de emisión de deuda pública para obtener financiación tras la crisis del 2008, países como Dinamarca y Noruega que a penas rozan los cinco millones de habitantes optaron por financiarse a base de golpe fiscal, y curiosamente los países desarrollados con tasas de población entre ambos extremos como Canadá que cuenta con treinta y siete millones de habitantes muestran una mayor equidad entre las tasas de esfuerzo fiscal y endeudamiento. A continuación muestro una gráfica en la que se encuentran once de los países más desarrollados del mundo ordenados de mayor a menor por sus tasas de población, en esta gráfica también podemos encontrar su ratio PIB/deuda y su esfuerzo fiscal según El índice de Tolosa:

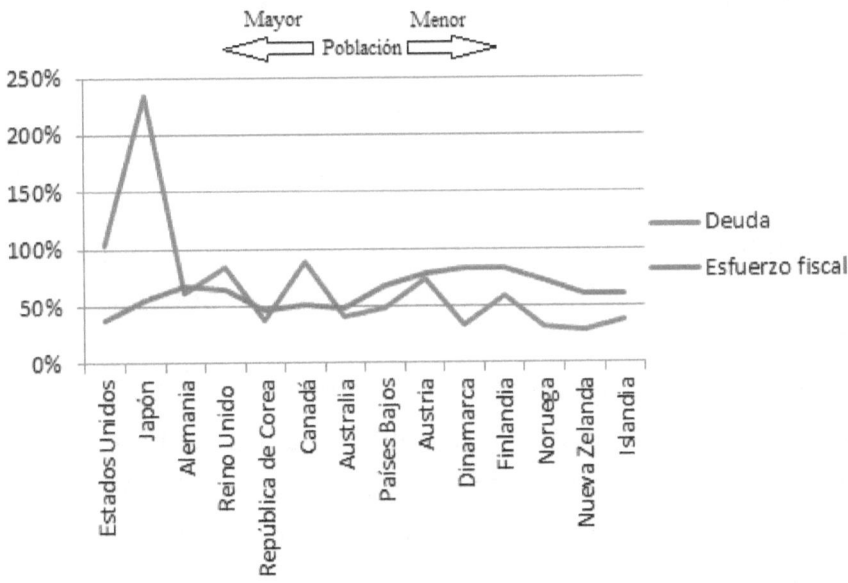

FIGURA 5. RELACIÓN ENTRE EL RATIO DEUDA/PIB, EL ESFUERZO FISCAL
Y TASAS DE POBLACIÓN

Si bien <u>esta correlación entre esfuerzo fiscal, deuda y tasas de población no se muestra en el cien por cien de los casos</u> sí que se manifiesta en la mayoría de estos. Existen excepciones como los casos de Suiza, Irlanda, Singapur, Luxemburgo y otros países que no se han tenido en cuenta en el desarrollo de esta gráfica debido a su condición de paraísos fiscales, condición que como he expuesto previamente, junto a otras condiciones excepcionales, puede alterar los datos relativos al esfuerzo fiscal convirtiéndolos en poco representativos. Se pueden observar algunas excepciones en la gráfica como Alemania, la República de Corea y Japón que serán explicadas más adelante junto a la relación entre el esfuerzo fiscal y las tasas de población.

El grado de retorno

Aquí es donde entra en juego otro factor económico que debemos tener en cuenta en nuestro análisis, el porcentaje del PIB destinado a gasto público. Un sistema económico eficiente debería aumentar su porcentaje del PIB destinado a gasto público a medida que aumentara el esfuerzo fiscal y el endeudamiento, ya que si el estado tiene una mayor financiación lo lógico sería que también tuviera una mayor inversión en mejorar la calidad de vida de los ciudadanos, y es aquí donde podemos comparar los sistemas económicos de diferentes países según su eficiencia. Cabe destacar que al porcentaje del PIB destinado a gasto público debemos descontarle el gasto en defensa debido a que no representa un servicio que mejore la calidad de vida de los ciudadanos. A este hecho podríamos denominarlo el grado de retorno, es decir, la cantidad de riqueza que le devuelve el estado al ciudadano en forma de servicios a cambio de la riqueza que le ha aportado este al estado, cuanto mayor sea este mayor será la eficiencia del sistema económico. Para explicarlo de una forma simple vamos a imaginar dos países, el país A y el país B. Supongamos el que el país A tiene unos niveles de esfuerzo fiscal del 45% y unos niveles de endeudamiento del 73% del PIB, por otro lado el país B que tiene unos niveles de esfuerzo fiscal del 51% y unos niveles de endeudamiento del 36% del PIB, y ambos destinan el mismo porcentaje del PIB a gasto público, el 45% ¿Cuál de los dos sistemas sería más eficiente? El país A tiene un 6% menos de esfuerzo fiscal que el país B, pero también dobla sus niveles de endeudamiento, sin embargo el porcentaje del PIB destinado a gasto público es el mismo en ambos, lo que nos índica que el país A es menos eficiente que el país B, ya que el país A requiere de más riqueza para ofrecer los mismos servicios que ofrece el país B. En algunos países desarrollados los políticos anuncian desorbitados gastos de dinero público con orgullo afirmando que mejorarán la calidad de vida de los ciudadanos cuando realmente esto no tiene por qué ser así. Un país que quiera mejorar la calidad de vida de sus ciudadanos debe mejorar la eficiencia de su sistema económico aumentando el grado de retorno, es decir, aumentando el porcentaje de riqueza que retorna el estado al ciudadano a cambio de la riqueza que le ha aportado. De hecho, en contra de la creencia colectiva, aumentar el gasto público en países que cuentan con sistemas económicos con bajos niveles de retorno puede empeorar la calidad de vida de los ciudadanos, debido a que gran parte de la recaudación necesaria para financiar esos gastos acabará en manos del estado y no del ciudadano medio, y este hecho no se suele sopesar. A continuación muestro una gráfica del porcentaje del PIB destinado a gasto público de los países de la figura 5 que nos permite apreciar las diferencias entre los modelos económicos de los países que la conforman. Al igual que en la gráfica de la figura 5 los países están ordenados de mayor a menor por sus tasas de población.

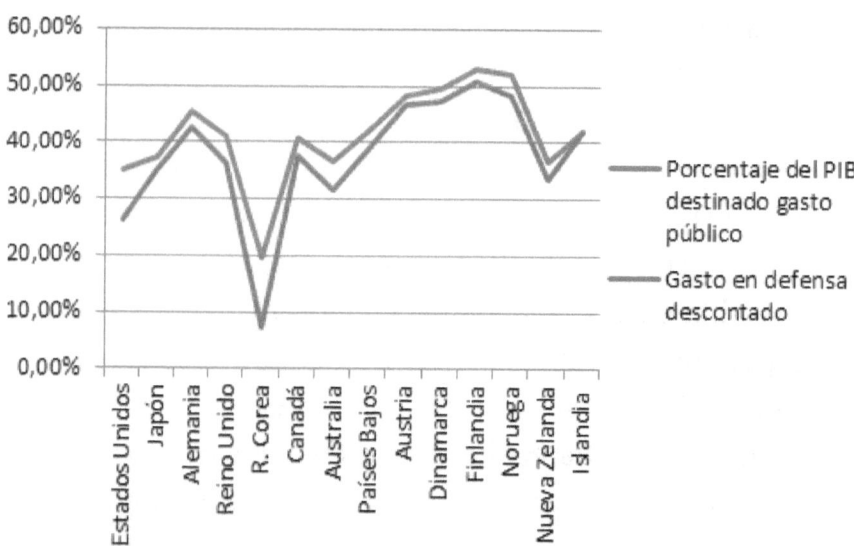

FIGURA 6. PORCENTAJE DEL PIB DESTINADO A GASTO PÚBLICO DE LOS PAÍSES DE LA FIGURA 5

Si comparamos los datos de la figura 6 con la figura 5 podemos hacer afirmaciones bastante interesantes. Por ejemplo, si comparamos a Austria y Dinamarca, dos países que cuentan con esfuerzos fiscales similares y con porcentajes del PIB destinado a gasto público prácticamente idénticos, podemos afirmar que el modelo económico de Dinamarca es más eficiente que el modelo de Austria, que ostentando los mismos niveles de esfuerzo fiscal y gasto público cuenta con alrededor de un 40% más de deuda. También nos ayuda a explicar las excepciones de Alemania y la República de Corea. Obviamente los factores culturales y geográficos influencian en mayor o menor medida a los modelos económicos. Alemania, influenciada por el estado de bienestar consolidado en Europa, tiene niveles de esfuerzo fiscal más elevados de lo habitual para un país con sus niveles de población, pero lo compensa siendo el país que mayor porcentaje de gasto público tiene en relación con su tasa de población de toda la gráfica. El caso de la República de Corea ya es un poco más extremo, a parte de tener un gasto público prácticamente inexistente casi la totalidad de este es destinado a defensa, y esta situación es mucho más fácil de explicar de lo que parece. Digamos que tener de vecino a Kim Jong-un, un dictador militar que trastea con misiles nucleares, genera a la República de Corea unas necesidades de defensa mayores que las de la mayoría de países. Este hecho también puede ser el causante de que la República de Corea tenga un modelo económico más blindado y privatizado que otros países con niveles de desarrollo similares. Pero esta última conclusión es una especulación, para corroborarlo sería necesario realizar una investigación más exhaustiva sobre la República de Corea.

Esfuerzo fiscal y tasas de población

Es innegable que los factores culturales y geográficos influyen en los modelos económicos, pero a pesar de ello se puede apreciar un aumento del esfuerzo fiscal a medida que decrecen las tasas de población. El motivo por el cual el esfuerzo fiscal tiende a aumentar a medida que la población decrece puede ser explicado a través del grado de retorno previamente expuesto. Al igual que un cable pierde corriente eléctrica a medida que aumenta su longitud, con el dinero público ocurre exactamente lo mismo, un estado pierde eficiencia a medida que aumenta su volumen. Este hecho se debe a que las administraciones estatales que gestionan países con tasas de población elevadas tienen un grado de retorno inferior al de las administraciones que gestionan países con tasas de población reducidas, ya que las primeras requieren mayores infraestructuras burocráticas que las segundas por el mero hecho de tener más población, por lo tanto el grado de retorno va disminuyendo a medida que aumentan los cargos públicos que no ofrecen servicios a los ciudadanos. Por ejemplo, un país con cincuenta millones de habitantes podría tener un retorno de 40€ en forma de servicios por cada 100€ que paga el ciudadano en impuestos, y un país con cinco millones de habitantes podría tener un retorno de 60€ en forma de servicios por cada 100€ que paga el ciudadano en impuestos. Esta situación lleva a los países nórdicos a tener esfuerzos fiscales elevados porque el ciudadano medio es consciente de que gran parte del dinero que destina a impuestos se le va a devolver proporcionalmente en forma de servicios de calidad. Por ese mismo motivo aunque un finlandés y un español tengan un nivel similar de esfuerzo fiscal el grado de retorno del ciudadano finlandés será mucho mayor que el del español que tiene que mantener diecisiete gobiernos autonómicos, cuatrocientos doce coches oficiales, dietas, desplazamientos y sueldos vitalicios de la clase política. Omitiendo el caso particular de la República de Corea, podemos afirmar esta hipótesis con los datos de la figura 5, donde aunque no sea una regla general, el gasto público tiende a aumentar a medida que las tasas de población decrecen.

Como curiosidad se puede destacar que este es el origen de la mayoría de los movimientos independentistas regionales. En mi país, España, este factor fue el origen de los movimientos independentistas vasco y catalán, como también lo fue en el caso de la región autónoma de Hong Kong con la República Popular de China. Al igual que solo se independizan los jóvenes que tienen recursos económicos para mantenerse, en un país solo intentan independizarse aquellas regiones que tienen recursos económicos suficientes como para poder sostenerse. El caso del País vasco, Cataluña y Hong kong es muy simple, son tres regiones que aportan más riqueza a la economía del gobierno central de la que reciben de este, y ese fue el único motivo que les impulsó a crear movimientos políticos separatistas. A su vez es el motivo por el cual en mi país nunca se ha experimentado un movimiento independentista por parte de las regiones del sur como Andalucía o Canarias, y probablemente nunca se llegue a experimentar.

La deuda ficticia, Japón, y la sostenibilidad

Pero, si la deuda muestra signos de relación con el esfuerzo fiscal ¿Qué le está pasando a Japón? ¿Cómo es posible que una economía tan desarrollada y capitalista como la japonesa nos dé unos resultados tan alarmantes en nuestro análisis? Lo cierto es que la deuda pública es más compleja de lo que parece… existen distintos tipos de deuda pública, al igual que existen diversos motivos por los que endeudarse. Los tipos de deuda varían en función de sus acreedores, no es lo mismo que la deuda pública de un país haya sido comprada por su banco central que por un país extranjero. Esta práctica es conocida como deuda ficticia, y se debe a que realmente, la compra de deuda por parte de los bancos centrales nacionales oculta creación de masa monetaria, y este es el caso de Japón (y de otros países, no obstante el de Japón es el más notorio). Este hecho es el causante de que la correlación entre endeudamiento y esfuerzo fiscal no sea cien por cien objetiva. Esta hipótesis puede funcionar, pero disminuye su efectividad a medida que aumenta el porcentaje de deuda ficticia, precisamente lo que ocurre en Japón. Podemos comparar la eficiencia de diferentes estados gracias al grado de retorno, pero ¿Qué pasa son la sostenibilidad? ¿Realmente un estado puede financiar sus gastos creando dinero? ¿Cómo repercute la creación de dinero a los ciudadanos? Y ¿Qué papel juegan los bancos centrales en este entramado? Para hallar respuesta a estos quebraderos de cabeza debemos poner bajo nuestra lupa a la innovación. Pero antes de ello tendremos que adentrarnos en terrenos pantanosos, terrenos que indagaremos en la segunda parte de este libro, el dinero y el sistema bancario.

Conclusiones de la primera parte

- La alteración de uno solo de los factores de un sistema económico repercutirá en la totalidad del sistema.

- Todo sistema económico ha de cumplir con Las leyes del precio, de no hacerlo dejará de ser eficiente y por ende quedará obsoleto.

- Existen tres tipos principales de modelos económicos, sus diferencias radican en el grado de intervención del estado sobre el mercado.

- No existe ningún sistema económico puro. Todo sistema económico tiene influencias de diferentes modelos.

- Un estado solo tiene dos formas de obtener financiación, el esfuerzo fiscal y la deuda pública.

- El esfuerzo fiscal es la riqueza que requiere el estado de sus ciudadanos en el presente, mientras que la deuda pública es la riqueza que requiere el estado de sus ciudadanos en el futuro.

- El esfuerzo fiscal y los niveles de deuda pública tienden a mostrar signos de correlación siempre y cuando no exista un exceso de deuda ficticia.

- El grado de retorno nos permite comparar la eficiencia de los sistemas económicos de diferentes países.

- Una misma fórmula no se puede aplicar por igual a la totalidad de los países debido a las condiciones geográficas y culturales que afectan a casos particulares.

- La eficiencia de un sistema económico desarrollado tiende a aumentar a medida que disminuye su número de participantes.

Moneda, banca e innovación

Una breve explicación del sistema bancario y la innovación

El dinero

El origen de todo el sistema bancario proviene del dinero. Si bien en la actualidad entendemos como dinero los billetes y las monedas que tenemos en la cartera o el saldo de nuestra cuenta bancaria, el dinero como tal abarca un espectro mucho más amplio. Técnicamente el dinero es un medio de intercambio aceptado socialmente como pago de bienes y servicios. Por ejemplo, en las cárceles los cigarros podrían considerarse dinero. De hecho actualmente no se puede cuantificar a ciencia cierta la cantidad de dinero del mundo en una unidad monetaria, debido a las discrepancias entre los expertos de qué puede considerarse dinero y qué no, ya que lo que se puede considerar dinero en Tailandia, puede no serlo en las Islas Fiyi. Un piso podría considerarse dinero, al igual que un coche, un Smartphone, e incluso tu tiempo. Pero el dinero con el que todos estamos familiarizados, el efectivo, los ahorros, la cash, el money, la guita, la pasta, en economía se le denomina M2. Dentro del M2 se abarca el dinero en efectivo, los depósitos bancarios, las libretas de ahorro, cuentas vista y similares, es decir, en líneas generales todo capital que es líquido o que se puede hacer líquido "rápidamente", o que puede fluir por el sistema económico en un plazo inferior a dos años. El M2 (masa monetaria) es el tipo de dinero que emplearé para las explicaciones venideras.

¿Cómo y por qué surge el dinero?

El dinero surgió por la necesidad de eficiencia en las economías antiguas. Antaño el comercio, al igual que la economía funcionaban mediante el trueque, el intercambio de productos era la única manera que teníamos de obtener todo aquello que se escapara de nuestra producción, la alternativa era saquearlo o robarlo. A medida que la humanidad fue desarrollando servicios y productos cada vez más exóticos se volvió más complicado establecer cuántos gramos de carne vale una vasija, cuantas vasijas valen unas telas, o cuantos metros de costura son justos por una remesa de especias chinas. Al existir miles de productos el trueque se quedó obsoleto debido al enorme trabajo que suponía memorizar el valor de todos y cada uno de los objetos. En este punto nació el dinero tal y como lo conocemos a día de hoy, primero a través de conchas marinas y sal, y finalmente se sustituyeron por metales preciosos como el oro, la plata y el cobre. De hecho, el término salario proviene de la palabra sal, ya que en la antigüedad pagaban una parte del sueldo a los soldados romanos en sal, debido a que era buena para conservar productos alimenticios en una época donde no existían alternativas como el refrigerador. Junto a la invención del dinero surgió otro elemento con el que muchos de nosotros también estamos familiarizados, los intereses.

Los tipos de interés

El origen de los intereses es prácticamente tan antiguo como el del dinero, esto lo sabemos gracias a las religiones, que ya hacían mención de ellos en sus textos sagrados hace miles de años asociándolos al pecado. En un préstamo o crédito, el interés, el tipo de interés o la tasa de interés hacen referencia al valor del dinero en una unidad de tiempo. Dicho de otra manera es la cantidad de dinero que "cuesta" el dinero en un periodo determinado. De tal forma que si yo pido un préstamo a un año los intereses serán la diferencia entre el valor nominal y el total de la amortización en ese periodo de tiempo. El valor de los intereses está determinado por el tiempo y el riesgo que supone la operación financiera. A mayor riesgo de impago mayores intereses, por lo tanto las operaciones a largo plazo, que son más susceptibles de impago, tienden a tener unos intereses mucho más elevados que las operaciones a corto o medio plazo. A una entidad financiera le inspira mucha más confianza el funcionario que le pide un préstamo a cinco años para comprarse un Audi que un peón de obra que le pide una hipoteca a cuarenta años para comprarse un piso, y eso se puede ver reflejado en los intereses. En la actualidad los intereses juegan un papel muy importante en nuestro sistema económico, esto se debe a que se han convertido en una herramienta indispensable para la banca, ya que gracias a ellos se pueden influenciar los mercados.

Los bancos centrales de cada país tienen la capacidad de estimular o desestimular la economía a través de los tipos de interés debido a sus efectos sobre el valor de la moneda. Unos tipos de interés bajos deprecian el valor del M2 a lo largo del tiempo, y por ende fomentan el consumo. Si mi dinero pierde valor a medida que pasan los años ¿De qué me sirve ahorrarlo? Si en el futuro voy a poder comprar menos bienes y servicios con el que ahora, prefiero gastarlo ahora. Unos tipos de interés altos tienen el efecto contrario, el valor del M2 se incrementa a lo largo del tiempo y por ende se fomenta el ahorro debido a que el dinero gana valor a lo largo del tiempo, por lo tanto es más rentable guardar el dinero para un futuro que gastarlo ahora. Como curiosidad es interesante saber que el nivel de influencia de los tipos de interés sobre la economía es tan grande que permiten predecir posibles crisis financieras. Es importante no confundirlos con la inflación o deflación, factores que explicaré a continuación que también afectan el valor del M2, pero por unos motivos diferentes.

La banca

y

El sistema de reservas fraccionarias

Como mencioné en mi primer trabajo *La cara oculta del trading*, el origen de la banca moderna se remonta al siglo XIV, en las ciudades de Florencia, Génova y Venecia al norte de Italia. Su origen surgió por la necesidad de seguridad de aquellos que ostentaban grandes cantidades de oro o plata. Debido al riesgo que suponía transportar o almacenar los metales preciosos, aquellos que ostentaban fortunas relevantes buscaban seguridad. Esto se logró a través de la banca, un lugar en el que podías almacenar tus metales preciosos de forma segura, una vez realizado el depósito obtenías un resguardo. El día que necesitabas tu valioso oro o tu preciada plata lo único que tenías que hacer era presentarte en el banco con dicho resguardo, y el banquero lo canjeaba por la cantidad de oro o plata que estaba estipulada en el resguardo. El tiempo pasaba y cada vez más personalidades adineradas guardaban sus fortunas en los bancos, con el tiempo se llegó a un punto en el que había tantos resguardos en circulación que algunas transacciones ya no se realizaban mediante el intercambio de metales preciosos, se ejecutaban mediante el intercambio de resguardos de diferente valor. Imagino que esta situación le sonará de algo al lector, pues este es el origen de los billetes tal y como los conocemos a día de hoy. En aquel entonces cada resguardo tenía su valor respaldado en oro o plata, aunque finalmente el oro predominaria en el sistema, dando lugar al conocido patrón oro. Pero en algún momento de la historia a algún banquero se le ocurrió una genuina idea. Si nuestros clientes comercian entre ellos con los resguardos que emitimos y ya no tienen la necesidad de canjearlos por sus metales preciosos, aunque no hallan nuevos depósitos de oro podemos seguir creando resguardos. Y así nació el sistema de reservas fraccionarias.

En la actualidad para entender este sistema es necesario diferenciar entre los dos tipos de bancos existentes. Por un lado están los bancos comerciales, las sucursales a pie de calle que atienden a particulares y negocios, y por otro lado está el banco central, que es empleado y dirigido por el estado para controlar el M2 y sus operaciones financieras, y a su vez es el encargado de regular y supervisar las actividades de los bancos comerciales. El sistema de reservas fraccionarias es un "privilegio" otorgado desde el banco central a los bancos comerciales, privilegio que les permite fabricar dinero de la nada, obviamente bajo la regulación y supervisión de los bancos centrales. Pongamos un ejemplo práctico de un sistema de reservas fraccionarias al 50%. Imaginemos un sistema donde solo existen 1000€ en efectivo. Pedro que tiene esos 1000€ abre una cuenta en el banco y deposita el dinero. En este momento la cuenta bancaria de nuestro amigo Pedro pasa a tener un saldo de 1000€. Justo cuando nuestro amigo Pedro sale por la puerta del banco entra su tía Mónica, que solicita un crédito de 500€, el cajero, a pesar de no tener más que los 1000€ de Pedro a su disposición le concede el crédito, por lo que emplea 500€ de los 1000€ de Pedro para concederle el préstamo a su tía Mónica, dinero que pasa a reflejarse en el saldo de su cuenta, dinero virtual que pasa a convertirse en dinero en curso legal. En este momento en el banco pasa a tener en dinero virtual los 1000€ de Pedro y los 500€ de su tía Mónica. Resulta que después de salir Mónica del banco entra nuestro amigo Pablo a pedir un crédito de 250€, y el banco, que recapitulemos, solo tiene los 1000€ en efectivo que ha depositado Pedro, se lo concede, y el dinero se refleja en el saldo de la cuenta de Pablo. Al final del recorrido la suma total asciende a 1750€. El banco comercial ha creado 750€ de la nada. Y en un sistema de reservas fraccionarias al 50% se puede seguir aumentando hasta doblar la cantidad inicial, que en este caso serían 2000€. En la actualidad nuestro sistema bancario tiene un sistema de reservas fraccionarias entre el 1% y el 10%, en otras palabras, entre el 90% y el 99%

del M2 que figura en el saldo del sistema bancario es dinero virtual que no se puede hacer líquido. Y esto no supone ningún problema para el sistema económico actual debido a que la mayoría de operaciones financieras voluminosas se hacen mediante transferencias bancarias. Una persona normal cuando compra un piso no va a la inmobiliaria con 150.000€ en efectivo, pide una cita con el director de su sucursal bancaria, verifican los datos y se ejecuta una transferencia, esto también ocurre con la compra de vehículos, con los pagos de las letras de las hipotecas, con los alquileres, e incluso con los recibos de luz, agua y gas. Desde hace décadas nuestro sistema bancario ejecuta prácticamente todas nuestras operaciones financieras mediante bits que transfieren información de un sistema informático a otro, y no mediante toneladas de oro y sacos de billetes. El sistema de reservas fraccionarias es una de las tres herramientas de las que disponen los bancos centrales para aumentar o disminuir la masa monetaria, junto a la creación de M2 y la deuda ficticia. En este caso, los bancos centrales regulan el sistema de reservas fraccionarias a través del coeficiente de caja, el porcentaje mínimo de fondos que han de tener los bancos comerciales como reservas líquidas en el banco central. Este sistema bancario extendido prácticamente por todo el mundo provoca un aumento de la masa monetaria, que a su vez, es el principal causante del siguiente punto, la inflación.

Inflación e innovación

"La inflación es siempre y en todas partes un fenómeno monetario" Milton Friedman. Esta declaración por parte del catedrático Milton Friedman, premio novel de economía en 1976, marcó un antes y un después en la comprensión de este fenómeno económico. Pero ¿Qué es la inflación? La inflación es un aumento del precio de los bienes y servicios sostenido en el tiempo (un año o más), lo que provoca una depreciación del dinero. Por ejemplo, dentro de cinco años, se podrán adquirir muchos menos bienes y servicios que ahora con la misma unidad monetaria debido al aumento de los precios. La inflación tiene puede tener varios orígenes, pero según Friedman todos están asociados a la masa monetaria. Esto quiere decir que si los precios aumentan se debe a un exceso de masa monetaria, es decir "al sistema le sobra dinero", y Friedman dio en el clavo. Imaginemos que hoy, por arte de magia se dobla todo el dinero en efectivo y saldo de las cuentas bancarias del mundo entero ¿Qué maravilla verdad? Pues lo cierto es que todo el mundo seguiría teniendo el mismo poder adquisitivo que ayer, y esto se debe a la oferta y la demanda. Si mañana la humanidad despertara con el doble de masa monetaria que hoy, al haber más dinero en el sistema económico aumentaría el consumo (la demanda), pero la oferta de bienes y servicios seguiría siendo la misma que ayer, y ¿Qué pasa cuando la demanda es superior a la oferta? En efecto, los precios suben. Y el que no lo crea tiene una buena prueba de ello en el IPC (índice de precios del consumidor), índice que refleja muy bien los niveles de inflación. Si bien los efectos de la inflación no son inmediatos sí que son ineludibles, en caso de que mañana haya un aumento de la masa monetaria la velocidad a la que aumentarán los precios variará en función de la velocidad con la que "entre" esa masa monetaria al mercado, a medida que aumente el número de transacciones aumentarán los precios.

La inflación es algo que lleva con nosotros bastante tiempo y esto lo puede verificar uno mismo, si el lector le pregunta a sus padres o abuelos sobre los precios de sus épocas comprobará que su origen se remonta a algo más que un par de años. El efecto que tiene sobre la depreciación de la moneda castiga al poder adquisitivo de los ahorradores a través de la depreciación, de tal forma que los ahorros de una persona que reside en un país desarrollado pierden entre el 15% y el 20% de su valor cada diez años, y en los países subdesarrollados la situación se agrava hasta límites que para los lectores que no estén familiarizados con la economía serían insospechados. La solución al problema parece sencilla ¿Verdad? Si los bancos centrales son los causantes de la inflación a través del aumento de masa monetaria ¿Por qué no impedir que se siga aumentado el M2? Lo cierto es que es un poco más complejo de lo que parece, porque para quien no esté familiarizado con la economía quizás sea un poco contradictorio pero ¿Y si te digo que la inflación es necesaria?

¿Por qué es necesario aumentar el M2?

Para la mayoría de los economistas la necesidad de un aumento constante del M2 es algo claro fuera de todo debate, pero igual que con la economía centralizada, dentro de un sistema siempre hay quienes discrepan. En concreto en algunas teorías de la escuela económica austriaca hay quienes consideran que el M2 debería ser fijo, sin embargo un sistema económico con un M2 fijo en la actualidad no traería nada bueno, de hecho, literalmente no traería nada, descubramos el por qué. Para ponernos en situación imaginemos un sistema con un M2 fijo, y a nosotros, los humanos. Si algo nos diferencia del resto de especies animales del planeta es que los humanos tenemos una maravillosa capacidad que no tienen el resto de animales, la capacidad de crear, capacidad que fomenta que en nuestra sociedad haya una oferta cada vez más grande de bienes y servicios, debido a los descubrimientos y la innovación. Ahora apliquemos a esta situación un M2 fijo. Si en nuestra sociedad aumenta cada vez más el número de bienes y servicios, a los nuevos bienes y servicios que llegan al mercado hay que otorgarles un valor monetario, pero en nuestro hipotético sistema el M2 es fijo, por lo tanto para adjudicarles un valor monetario a los nuevos bienes y servicios debemos depreciar a los ya existentes, esto genera que en una sociedad donde cada vez hay más bienes y servicios la moneda tenga que fraccionarse en partes cada vez más pequeñas y por ende gane valor con el tiempo. Esto provoca la muerte de la inversión y el consumo, si mi dinero va a valer mañana más que hoy ¿Para qué voy a correr el riesgo de invertirlo? Y ¿Por qué gastarlo hoy si mañana va a valer más? Cabe destacar que sin inversión ni consumo seguiríamos viviendo en el medievo. Sin inversión que financie investigaciones científicas, colisionadores de partículas y prototipos, en la actualidad no existirían ni la medicina, ni los smartphones, ni los ordenadores, ni el automóvil, y seguramente seguiríamos arando el campo con nuestras manos.

La alternativa a este inviable sistema es la creación de masa monetaria, esto se debe a que el mero hecho de la existencia de la inflación fomenta que los ahorradores movilicen e inviertan su dinero con el fin de intentar eludir la depreciación de su capital. Este suceso también favorece a los menos pudientes, ya que obliga al "rico" a tener su capital en movimiento en lugar de tenerlo bajo su colchón, por lo tanto brinda mayores oportunidades de crecimiento económico a los que carecen de riqueza. Obviamente esto tampoco justifica crear masa monetaria a espuertas, pues los resultados podrían ser catastróficos y como buena prueba de ello tenemos a Venezuela. Friedman, junto a otros pensadores, coincidieron en que la creación de masa monetaria ha de ser constante, pero moderada, motivo por el cual en la actualidad las tasas de inflación de los países desarrollados rondan entre el 1,5% y el 2% anual.

Y es que lo que le da valor a la economía no es el dinero, son los descubrimientos, los nuevos bienes y servicio que salen a mercado. Si nuestro sistema económico refleja un crecimiento descontrolado es porque es el reflejo de sus creadores humanos, que como especie también tiende al crecimiento descontrolado. Debido a que nunca dejaremos de descubrir, crear e inventar cosas nuevas, nuestro sistema económico tampoco puede dejar de crecer. El problema subyace de la solución, y se debe a que el aumento de la masa monetaria y la innovación no aumentan simultáneamente, el aumento de la masa monetaria siempre va dos pasos por delante de la innovación, y es algo necesario para que se continúe innovando, sin devaluación de la moneda al acecho los inversores pierden una de las principales razones que les empuja a invertir su capital. Pero la cosa se complica cuando esos dos pasos por delante que le saca la masa monetaria a la innovación se convierten en cuatro, o en seis, y esto sucede muy a menudo en nuestro sistema, ya que imprimir billetes es bastante más sencillo que construir ordenadores cuánticos, coches eléctricos o tratamientos para el alzhéimer. Aquí es donde entran en juego los gobiernos a través de los bancos centrales, que mediante la manipulación de los tipos de interés y el M2 juegan a un tira y afloja a la espera de que se hagan nuevos descubrimientos y emerjan nuevos sectores de la nada, sectores que den un respaldo económico real a los cientos de millones de euros que se imprimen cada año.

El smartphone

Esta labor otorgada a los investigadores es tremendamente complicada y tenemos una buena prueba de ello en prácticamente la totalidad de los sectores. ¿Qué diferencia hay entre un coche de hoy y uno de hace 40 años? Los coches de hoy son más eficientes, tienen mejores diseños, más sistemas eléctricos, mejores equipos de sonido, una mayor seguridad, pero a efectos prácticos siguen siendo una caja de aluminio con un motor, una transmisión, cuatro ruedas y una dirección, en esencia el concepto de coche es el mismo que el de hace 40 años. No existe innovación alguna en el sector automovilístico del último medio siglo, si acaso hubo innovación alguna la podríamos asociar a la reducción de la emisión de gases contaminantes ¡y ya! Lo mismo ocurre con el sector de la telefonía móvil ¿Qué diferencias hay entre un iPhone 6 y un iPhone X? El iPhone X saca mejores fotos que el iPhone 6, tal vez su batería dure 30 minutos más, su pantalla tiene una densidad de píxeles superior y su diseño es más estético, pero en esencia sigue cumpliendo las mismas funciones de comunicación que el iPhone 6, y es que añadir calidad a los productos o servicios existentes ¡no es innovar! Otra cosa muy diferente fue el primer Smartphone que llegó al mercado, ese smartphone fue un claro ejemplo del tipo de innovación que mantiene nuestro sistema económico. Ese Smartphone creó consigo un sector enorme que le dio valor a una economía que llevaba años estancada, al menos durante un breve periodo de tiempo. A su vez, con la aparición del primer smartphone surgieron decenas de compañías, algunas recién creadas y otras ya en el mundo de la tecnología, que querían subirse al carro de la telefonía inteligente que prometía grandes beneficios, compañías como Huawei, Samsumg, Xiaomi, Oppo,

Apple, nadie quería perder la oportunidad de coger su pedazo del pastel. Con el paso del tiempo y la normalización del smartphone en la sociedad volvió el estancamiento, estancamiento que surgió de un mercado con exceso de oferta, una decreciente demanda y una reñida competencia entre las diferentes compañías. En la actualidad seguimos a la espera de que algún joven Steve Jobs o Bill Gates aparezca con alguna genuina idea que salga al rescate del estancamiento de nuestro sistema económico, y seguramente este ciclo seguirá siendo así hasta el día que desaparezca nuestra especie. Esto convierte a los países con mayores tasas de I+D+i en los mejores candidatos para la sostenibilidad en el largo plazo.

¿Cómo se mide el I+D+i?

El I+D+i se barema empleando el índice mundial de innovación. Este índice es desarrollado a través de la suma de múltiples indicadores, motivo por el cual cada empresa financiera de prestigio tiende a desarrollar el suyo propio. Uno de los más aceptados y extendidos en la actualidad es el Índice Global de Innovación publicado anualmente en conjunto por la Organización Mundial de la Propiedad Intelectual, la INSEAD, una prestigiosa escuela de negocios francesa, y la Universidad Cornell, aunque también son aceptados los desarrollados por asesorías de prestigio como Bloomberg. Como es de lógico, los países que obtienen mejores resultados en este índice son aquellos que más inversión y ventajas fiscales ofrecen a este tipo de programas, motivo por el cual los países que tienen un esfuerzo fiscal elevado y no aplican grandes inversiones o exenciones fiscales a los programas de investigación y desarrollo tienden a tener una tasa de I+D+i nula. De hecho, si analizamos el ranking de los 10 países con más innovación del mundo, todos ellos cuentan con un esfuerzo fiscal reducido o programas de inversiones y exenciones fiscales aplicados al sector de la innovación:

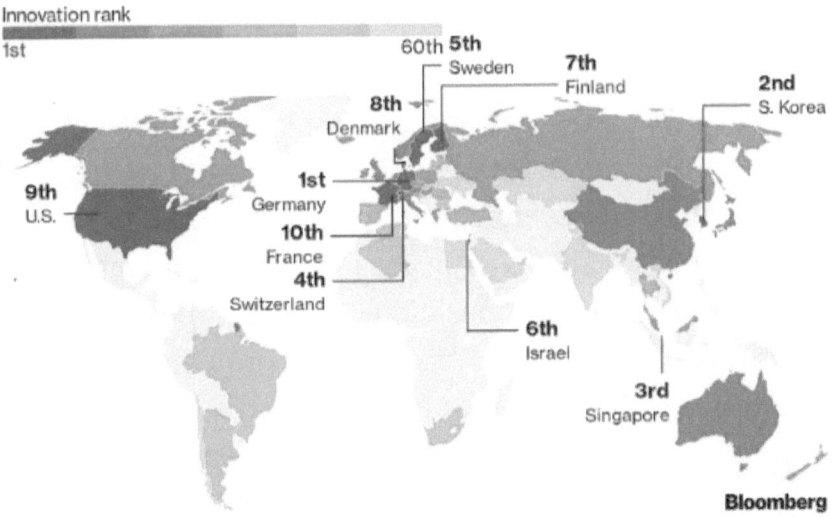

FIGURA 7. RANKING DE LOS 10 PAÍSES CON MAYORES TASAS DE INNOVACIÓN

Dentro de este top 10, países como la República de Corea, Estados Unidos, Singapur, Suiza e Israel cuentan con esfuerzos fiscales relativamente bajos, y los restantes, Alemania, Dinamarca, Finlandia, Suecia y Francia, cuentan con los mejores programas de inversiones y exenciones fiscales aplicados a la innovación del mundo. Y es que cuando alguien trata de innovar, cuantas menos dificultades se encuentre por el camino más fácil le resultará desarrollar su proyecto, y las dificultades económicas son actualmente (y probablemente también en el futuro) el mayor limitador de la innovación sobre la faz de la tierra. Decenas de miles de proyectos prometedores se suspenden cada año por falta de fondos. Tecnologías que jamás verán la luz o que se quedarán en un cajón criando polvo hasta que algún adinerado mecenas o grupo de inversores las redescubran y consideren que es interesante invertir en ellas. Si a este hecho le añadimos un esfuerzo fiscal elevado, tenemos la receta perfecta para que los jóvenes dejen sus carreras científicas para preparar oposiciones que les permitan trabajar para el estado. En mi país el máximo exponente de la mayoría de los estudiantes universitarios es terminar la carrera para después opositar. Jóvenes que se forman durante media década (o más) adquiriendo toda clase de conocimientos técnicos sobre una especialidad, para finalmente acabar trabajando de burócratas en alguna oficina del estado, donde la máxima aportación de riqueza al país será la de rellenar el impreso 791 de las tasas de tráfico. Y esto por supuesto que esto no es nada malo a nivel personal, cada uno toma sus decisiones. La pregunta es, en un país con una natalidad decreciente y cada día con menos personas en edad para formar parte del mercado laboral ¿Quién pagará a ese ejercito de burócratas dentro de cuarenta años? No estamos hablando de dos siglos, ni de un milenio, estamos hablando de una unidad de tiempo que seguramente, si el lector es joven, vivirá para verlo, si no él sus hijos.

Entonces, Google

Desde finales de los 90 hasta la caída del Lehman Brothers por la crisis de las hipotecas y los bonos basura en el 2008, hubo uno de los mejores periodos de bonanza económica del siglo, basado en una burbuja económica o no, así fue. Durante ese periodo de bonanza económica se abrieron una serie de posibilidades infinitas para el crecimiento en muchos países. Mi país vivió su propio sueño americano en versión española gracias al sector de la construcción, que catapultó a España al superávit. Un peón de obra se podía llevar al bolsillo fácilmente unos 2000€ mensuales, que para la España de aquel momento (y para la de ahora) era un muy buen sueldo. Durante ese periodo de bonanza económica la mayoría de los países emplearon todos los recursos a su disposición para crecer económicamente a la máxima velocidad que el velocímetro les permitía. En mi país construimos edificios por doquier, dúplex, lofts, apartamentos, hoteles, casas, chalets, adosados, no había nada que el ladrillo no pudiera solucionar. Mientras que en Estados Unidos nacieron Google, Amazon y Facebook. Finalmente en el 2008, tras la caída de la firma de inversión Lehman Brothers estalló la burbuja, no hubo excepciones, todos los países fueron afectados por el suceso. Pero al final del recorrido España se quedó con un stock de edificios embargado por los bancos y Estados Unidos con Google, Amazon y Facebook ¿Quién supo aprovechar mejor el tirón de la bonanza económica? ¿Estados Unidos, España, los bancos o Google?

Sin lugar a dudas Google. Podríamos afirmar que por ende Estados Unidos también, puesto que Google sé desarrolló en su país, pero lo cierto es que Google y las otras compañías tecnológicas ganaron más. De hecho el poder de las empresas tecnológicas es tal que el gobierno del país donde se localice su sede debe de preocuparse porque estén contentas, ya que si Amazon, Google y Facebook se pusieran de acuerdo podrían provocar un hundimiento del PIB de dos cifras tranquilamente. Obviamente esto no lo van a hacer a conciencia, puesto que también perjudicaría a sus propias compañías, pero como poder, pueden hacerlo. Este hecho les permite a estas compañías "negociar" con los gobiernos bajo la política de «O me ofreces una fiscalidad competente o hago las maletas», y esto fue precisamente lo que sucedió. En esta situación hubo un país que fue tan pequeño como inteligente, Irlanda, que se encargó de modificar sus políticas fiscales para agenciarse las sedes de Google, Yahoo, Facebook, Twiter, Amazon y Paypal.

Gran parte de la ventaja que sacó Estados Unidos durante uno de los mejores periodos de bonanza económica hizo las maletas de noche, dejó una nota en el refrigerador y cogió un avión a Europa. Y es que donde quiera que se ubiquen esas empresas también se ubicará su riqueza, su producción y sus empleos mejor remunerados, por lo tanto es lógico que dichas compañías se establezcan en los lugares más competentes para sus intereses, y al que no le guste solo le queda la opción desarrollar su propio buscador capaz de ofrecer cincuenta millones de resultados en 0,54 segundos y hacerles la competencia.

Este factor suele obviarse dentro de los programas de inversiones o ayudas fiscales para estimular la innovación, ya que la innovación es un sector al que no solo hay que ofrecer facilidades para que realice nuevos descubrimientos, también hay que cuidarlo para que una vez se han realizado esos descubrimientos no huya con ellos a lugares que no reportan ningún beneficio a nuestra economía. De poco le sirvió a Estados Unidos que una empresa tan innovadora como Google diera sus primeros pasos en su país, porque finalmente la empresa acabó tributando en Irlanda. Este ejemplo se puede extrapolar a otras empresas previamente mencionadas como Amazon, PayPal y Yahoo, pero no son los únicos casos, la fuga de capitales está a la orden del día en este mundo globalizado. Aquí es donde se genera un debate político entre lo que es correcto o incorrecto para el país, pero el debate político en eso se queda, en un debate, porque puede que la cúpula del gobierno sea elegida por los votos de los ciudadanos, pero la cúpula directiva de Google no, y al final Google trasladará su sede al país que le venga en gana. Motivo por el cual siempre ofrece mejores resultados tratar de evitar la fuga de empresas y capitales mediante programas fiscales competentes que perseguirlas mediante la criminalización o el castigo, y si no lo creen pueden preguntárselo a los irlandeses. Porque el correcto funcionamiento de un sistema económico conlleva la suma de múltiples factores, de nada le sirve a un país tener los niveles de innovación más altos del mundo si sufre constantemente fugas de capitales, al igual que de nada le sirve tener un grado de retorno óptimo si sus niveles de innovación son nulos, y por ende su sostenibilidad a largo plazo. Podríamos afirmar que el mejor sistema es aquel que es capaz de encontrar un equilibrio entre todos los factores expuestos a lo largo de este libro.

Las leyes del precio y El índice de Tolosa

La economía es la base de nuestra civilización tal y como la conocemos, a pesar de ello está completamente dejada de lado por el sistema educativo no universitario, y en el sistema universitario solo se imparte en carreras con especializaciones específicas. Este pequeño librito muestra y analiza detalles muy importantes de la macroeconomía que por desgracia no enseñan en ningún colegio o instituto de mi país. Conocimientos básicos que deberían estar al alcance de todos los ciudadanos formando parte de la educación obligatoria de las escuelas. Conocimientos que evitarían la llegada de gobiernos y medidas económicas incompetentes que pudieran afectar a la calidad de vida de los ciudadanos, en un mundo donde aún puedes encontrar a personas con mayoría de edad y derecho a voto en países desarrollados afirmando que la creación de masa monetaria es la solución a las crisis económicas. Al igual que con mi primer trabajo *La cara oculta del trading*, con este libro solo pretendo aportar mi granito de arena. Motivación que surgió al venir de un país con educación y sociedad politizadas y polarizadas, pero con una inversión en educación económica nula. Como hemos podido comprobar a lo largo de *Las leyes del precio y El índice de Tolosa* el sistema económico es extenso a la par que complejo, una complejidad que va más allá de buenos y malos o ricos y pobres. Así que antes de caer en yugo ideológico predominante en su país debería preguntarse por Las leyes del precio, el grado de retorno del estado, las tasas de innovación y los programas de exenciones fiscales e inversión en el I+D+i, y guiarse por ellos en lugar de hacerlo por promesas electorales. Con ese pequeño planteamiento podría ahorrarse una gran decepción, o quizá brindarles un mejor futuro a sus hijos. Porque recuerde, solo tiene derecho a criticar un sistema aquel que propone uno mejor.

Conclusiones de la segunda parte

- El M2 surgió por la necesidad de una mayor eficiencia en el comercio.

- Los tipos de interés reflejan el valor del dinero y tienen la capacidad de alterar el ahorro y el consumo.

- Los bancos centrales tienen la capacidad de modificar los tipos de interés con el fin de estimular o desestimular a la economía.

- El sistema de reservas fraccionarias se remonta al inicio de la economía moderna.

- Los bancos comerciales tienen la capacidad de crear M2 mediante el sistema de reservas fraccionarias.

- Los bancos centrales son los encargados de regular el sistema de reservas fraccionarias mediante el coeficiente de caja.

- La masa monetaria y la inflación están directamente relacionadas.

- La inflación es necesaria para estimular la inversión y el crecimiento económico.

- Un sistema económico con un M2 fijo desincentiva la inversión y el crecimiento.

-El sistema económico tiene que estar en constante crecimiento.

- La innovación es el único factor que añade valor real al sistema económico.

-La innovación es el único factor que garantiza la sostenibilidad a largo plazo de un sistema económico.

-Los países que muestran tasas de innovación más elevadas son aquellos que cuentan con esfuerzos fiscales reducidos o programas de exenciones fiscales e inversión ambiciosos aplicados al sector de la innovación.

Agradecimientos y fuentes

FUENTES DE DATOS E INFORMACIÓN

Datosmacro.com

El Economista

Moneda, banca y mercados financieros (octava edición)
Frederic S.Mishkin

Introducción a la historia del mundo contemporáneo
Javier Tusell Gómez

AGRADECIMIENTOS

Me gustaría compartir mi agradecimiento con:

Rodrigo Sebastian Aguila Bahamonde por sus valiosas observaciones, opiniones y comentarios a lo largo de este proyecto.

Cristan Andrés Ghidanac por su colaboración en el diseño de la portada.

Victor Capatina por su crítica.